L. TRARIEUX

Sénateur de la Gironde, Ancien Garde des Sceaux,
Président de la Ligue Française pour la Défense des Droits de l'Homme
et du Citoyen.

LETTRE

A M.

EFROY CAVAIGNAC

Ministre de la Guerre

-PROPOS DE L'AFFAIRE DREYFUS

PARIS

P.-V. STOCK, ÉDITEUR

ncienne Librairie TRESSE & STOCK)

9, 10, 11, GALERIE DU THÉATRE-FRANÇAIS

PALAIS-ROYAL

1898

LETTRE

A

M. GODEFROY CAVAIGNAC

ÉMILE COLIN — IMPRIMERIE DE LAGNY

L. TRARIEUX

Sénateur de la Gironde, Ancien Garde des Sceaux,
Président de la Ligue française pour la Défense des Droits
de l'Homme et du Citoyen.

LETTRE

A

M. GODEFROY CAVAIGNAC

MINISTRE DE LA GUERRE

A PROPOS DE L'AFFAIRE DREYFUS

PARIS

P.-V. STOCK, ÉDITEUR

(Ancienne Librairie TRESSE & STOCK)

8, 9, 10, 11, GALERIE DU THÉATRE-FRANÇAIS

PALAIS-ROYAL

1898

LETTRE DE M. TRARIEUX

A M. LE MINISTRE DE LA GUERRE

A MONSIEUR LE MINISTRE DE LA GUERRE

Monsieur le Ministre,

Le 6 janvier dernier, écrivant à votre prédécesseur, je prenais la liberté de lui signaler les lacunes de l'instruction qui préparait la prochaine mise en jugement du commandant Esterhazy devant le Conseil de guerre, et je lui disais :

« Nous voici à la veille des nouveaux débats auxquels nous avons à demander la lumière, et je m'inquiète de l'état de l'instruction qui va lui servir de base. Tout paraît avoir été fait pour faciliter la défense de l'accusé et rendre suspect le rôle de ceux qui l'accusent.

» Des pièces (le document dit libérateur) ont été volées, assure le commandant Esterhazy lui-même, au dossier Dreyfus. Rien n'a été fait pour rechercher les auteurs de ce vol.

» Des fausses dépêches (Speranza et Blanche), dont l'intention était de déshonorer le lieutenant-colonel Picquart, lui ont été expédiées. On a négligé de rechercher les mains *criminelles* qui les avaient écrites !

» Des pièges nombreux ont été tendus à la famille Dreyfus. On en a laissé gloser les journaux, sans se demander qui les avait préparés !

» De tous ces faits, pourtant, pouvait ressortir la trame d'un complot ourdi pour étouffer la voix de la vérité. — Le complot, il n'en a été question que pour le prétendu syndicat Dreyfus ! »

Cet avertissement resta lettre morte, et je vous prie de vous demander s'il ne convient pas aujourd'hui de le regretter.

Grâce à cette insuffisance de l'instruction, la justice du pays a, pendant plus de six mois, été bernée par les impostures les plus grossières. On a cru au roman de la femme voilée. On a laissé attribuer à des personnes innocentes du fait les télégrammes « Speranza et Blanche », qui avaient été fabriqués par ceux-là mêmes qui se faisaient les propagateurs de cette diffamation. Tout a été vicié dans l'opinion par ces mensonges auxquels on avait laissé si imprudemment l'apparence de la vérité; et lorsque, enfin, les yeux ont dû s'ouvrir à l'évidence, lorsqu'est apparu le concert de fraude démasqué par l'instruction de M. le juge Bertulus, la gravité des erreurs commises était devenue telle que tout devait être tenté pour éviter qu'on ne les étalât au grand jour.

Je suis loin, hélas ! de vouloir me glorifier d'avoir été si bon prophète, et je n'ai pas même, en rappelant ces faits, le dessein de montrer par quels actes insolites un tel scandale a pu être couvert. Mais le souvenir des fautes commises peut aider à en éviter de nouvelles, et je ne reviens ainsi sur le passé que pour donner plus de poids aux préoccupations que m'inspire l'avenir.

N'êtes-vous pas frappé, comme moi, du danger auquel nous nous exposons en laissant s'aggraver chaque jour davantage un conflit dont il serait sage de hâter le dénouement ? Les divisions deviennent de plus en plus profondes dans le parti républicain. On se suspecte, on se dénonce, on s'accuse. On en arrive à croire que la paix ne sera faite que lorsqu'on aura réduit au silence ses adversaires; et, pendant ce temps, spectateurs attentifs de la lutte, les ennemis de la République se réjouissent de nos querelles et se préparent à en tirer profit. Si, cependant, à côté des idées que l'on défend, des amours-propres excités, des compétitions d'influence étaient venus compliquer la situation, ne serait-il pas temps de les réprimer et n'est-ce pas un devoir absolu, pour ceux qui peuvent prêcher la raison et donner l'exemple, de préparer une solution d'où renaîtrait le calme et le bon accord ?

En somme, la question qui nous est posée est, dans son principe, d'ordre purement judiciaire, et, si on voulait bien la ramener à son point de départ, elle serait facile à résoudre après tout ce qui a été tenté pour l'éclaircir.

Deux points seulement sont à trancher :

La condamnation de Dreyfus a-t-elle été prononcée dans le respect des formes légales ?

Est-elle justifiée par les vraisemblances, ou n'est-elle pas visiblement entachée d'erreur ?

Chacun de ces points peut être d'une vérification vraiment facile si on ne cherche, en les approfondissant, que la justice et la vérité. Peut-être pouvons-nous la faciliter, si vous voulez bien, sans prévention aucune, me suivre dans l'examen des faits sur lesquels elle doit porter.

Illégalité.

Il semble, par votre discours à la Chambre des députés, que vous n'ayez pris aucun souci de la question de légalité. Non seulement vous n'en avez pas dit un mot, mais il résulte de votre langage qu'elle a dû vous paraître indifférente. Vous n'avez, en effet, pour justifier la culpabilité de Dreyfus, invoqué que des documents dont il n'a jamais eu connaissance, et dont quelques-uns sont même de date postérieure à sa condamnation. L'illégalité dont on s'est plaint, c'est vous qui en avez ainsi apporté une des preuves les plus claires. Ce qu'il importe de savoir, c'est donc surtout si réellement il n'y faut, d'après vous, attacher aucun intérêt.

Je ne serais point surpris, je l'avoue, que telle fût votre thèse. Il y a des principes de droit auxquels des esprits très éclairés, mais étrangers aux études juridiques, peuvent ne pas naturellement s'ouvrir. J'en puis rappeler un exemple qui trouve ici sa place.

Un jour que j'examinais avec un parlementaire des plus distingués s'il ne serait pas opportun de proposer une loi nouvelle pour atteindre certaines spéculations incorrectes dont l'opinion se préoccupait, je lui faisais observer que, si cette loi était votée, elle ne pourrait, dans tous les cas, avoir d'effet sur les actes accomplis qui l'auraient provoquée. Grande alors fut ma surprise en l'entendant me répliquer : « Mais, comment donc ? Je n'hésiterais pas, quant à moi, s'il le fallait, à en faire rétroagir les effets. Le législateur n'est-il pas maître de son œuvre ? » Ainsi, mon interlocuteur, sans avoir pesé la gravité de sa réponse, allait, tête baissée, contre un principe fondamental de notre législation, sans lequel le droit écrit ne serait plus qu'un vain mot : *la non-rétroactivité des lois !* Ce n'était pas certes moins grave que de se désintéresser des atteintes portées au droit de la défense qui ont pu se produire dans le procès Dreyfus et rendre illégale sa solution.

Mais ce qu'on ne voit pas toujours à une impression première doit, à la réflexion, quand il s'agit d'une idée juste, pénétrer notre esprit. Il n'est pas possible qu'en descendant en vous, vous ne compreniez point l'importance de la règle tutélaire, édictée par la loi elle-même, et d'après laquelle un prévenu ne doit jamais être jugé sur des chefs d'accusation ou sur des documents qu'on ne lui a pas fait connaître. Il n'y a pas, en effet, de jugement réel sans défense, et il n'y a pas de défense quand on ignore ce dont on est accusé. Veuillez donc songer au danger effroyable d'un simulacre de décision comme celui auquel vous avez pris part le jour où, du haut de la tribune, on vous a entendu reviser, à votre manière, la condamnation de Dreyfus. Ce n'est sur aucun des faits qui avaient pu lui être reprochés que vous vous êtes fondé pour le déclarer coupable, et vous n'avez affirmé la légitimité de sa peine que sur le témoignage de documents dont il n'a jamais entendu parler. Mais saviez-vous ce qu'il eût pu vous dire si vous l'eussiez appelé à vous répondre? Êtes-vous sûr qu'il n'eût pas d'un mot détruit tous vos arguments s'il eût été admis à en discuter la valeur? Pouvez-vous affirmer que les documents dont vous avez triomphé contre lui en son absence, il ne les eût pas, présent, écartés du débat, en en démontrant, après contrôle, la complète inapplicabilité? Non seulement, en l'exécutant comme vous l'avez fait, vous usurpiez un pouvoir qui ne vous appartient pas, car vous n'êtes point juge, mais vous n'agissiez pas en juge, car sans entendre on n'a pas le droit de juger!

Ce n'est point de cette illégalité même, il est vrai, qu'il s'agit quand nous parlons des irrégularités qui se sont produites dans la procédure dont l'annulation est demandée, mais vous n'avez fait que rééditer, en 1898, ce qui est reproché au conseil de guerre de 1894. — Lui aussi il a jugé sans entendre, sans tenir compte des droits sacrés de la défense, lorsqu'il a assis sa conviction sur une communication clandestine de documents secrets qui n'avaient été soumis ni à Dreyfus ni à son défenseur.

Le fait est-il contesté, est-il contestable ?

Contesté ? Ni le général Mercier, ni le général Billot, ni M. Méline, ni personne avant vous n'a osé le nier, malgré des mises en demeure répétées. Leur silence systématique sur ce point, si on le compare à la complaisance de leurs renseignements sur d'autres, a été un aveu tacite qui ne peut se discuter.

Contestable ? Nous en avons dix preuves différentes en mains.

C'est d'abord le récit circonstancié de l'*Éclair*, dans son numéro du 15 septembre 1896, — qu'ont reproduit plus tard, en 1898, l'*Écho de Paris* et le *Gaulois* — et auquel on n'a pu opposer aucun démenti.

C'est la déclaration formelle de Me Demange, reproduisant les confidences faites à son confrère Me Salle par un membre du Conseil de guerre.

C'est celle de M. le libraire Stock, qui, ainsi que Me Salle, a reçu la même révélation.

C'est celle du lieutenant-colonel Picquart, qui a dû savoir tout ce qui s'est passé au moment du procès de 1894, puisqu'il y a représenté M. le ministre de la Guerre.

C'est celle de M. Gabriel Monod, et ce sera celle de beaucoup d'autres le jour où l'allégation du secret professionnel aura cessé de lier les langues qui auraient le devoir de parler !

Jamais, on peut l'affirmer, certitude ne fut mieux

établie, et, quand personne n'oserait y contredire, est-il un subterfuge qui puisse permettre de s'en évader?

Oserait-on prétendre, par exemple, que ces preuves ne résultent que de témoignages étrangers au dossier judiciaire, et que les illégalités de forme pouvant vicier un jugement doivent être démontrées par les pièces mêmes de la procédure? La loi ne dit rien de pareil et comment lui supposerait-on de semblables exigences? Ne voit-on pas que la consultation des preuves orales est ici nécessaire et que la raison l'impose? Les communications de documents secrets échappent forcément aux constatations des plumitifs, et ce serait leur impunité qui se trouverait proclamée s'il n'existait aucun moyen, même quand elles ont été flagrantes, d'en pouvoir corriger l'abus.

Ainsi, monsieur le Ministre, voilà une première conclusion qui devrait être bien acquise. — La condamnation de Dreyfus restera un éternel sujet d'inquiétude tant qu'on pourra la dire entachée d'irrégularité. Si l'on veut la justice et si, en même temps, on désire faire cesser le trouble des consciences, il est urgent de donner suite à la demande d'annulation dont M. le garde des sceaux est, depuis longtemps déjà, saisi. — La décision à prendre à cet égard est, il est vrai, de son ressort et non pas du vôtre, mais tout fait croire qu'elle n'attend pour voir le jour qu'un encouragement de vous.

L'erreur.

Cependant, ainsi que vous l'avez pensé, l'annulation du procès Dreyfus ne serait pas d'un grand profit si on avait la preuve certaine, irrécusable, qu'aucune erreur

n'a été commise et qu'une nouvelle mise en jugement ne
pourrait qu'amener la confirmation du résultat de la
première. Je crois donc avec vous qu'il est du plus haut
intérêt de savoir ce qu'il convient de penser de la question même de culpabilité.

Vous croyez Dreyfus coupable, j'ai la conviction de
son innocence. Examinons loyalement les raisons sur
lesquelles reposent ces opinions contraires.

C'est grâce à vous, je m'empresse de vous en faire
honneur, que cet examen contradictoire est devenu
possible. Vous êtes, en effet, sorti des déclarations à la
fois tranchantes et vides de votre prédécesseur pour mo-
tiver la consultation que vous avez donnée, et ainsi s'est
trouvé circonscrit le champ du débat.

Vous avez rendu à la vérité ce service immédiat de
dissiper toutes les légendes menteuses qui ont servi à
l'obscurcir. Il ne peut plus être question, après vous
avoir entendu, ni des prétendues lettres de l'empereur
Guillaume communiquées avec le drapeau de la France
à M. Rochefort, ni des documents soustraits au moment de l'incendie de l'ambassade d'Allemagne, ni de
la copie prise par le commandant Esterhazy chez le
colonel Schwarzkoppen du fameux bordereau dont
nous n'aurions jamais eu l'original dans nos mains,
ni de la valise diplomatique habilement volée sur le
pont de la Concorde, ni des correspondances entre-
tenues avec la Russie ; — ni, enfin, d'aucune de ces
fables enfantines dont la crédulité publique s'est si longtemps bercée. Sans doute, pour ceux qui redoutaient la
lumière, vous auriez commis une grande faute en nous
faisant ainsi sortir des ténèbres, mais combien cette
faute est préférable à de louches réticences où le calcul
est l'ennemi de la bonne foi !

Et, maintenant, si vous avez tenu à vous expliquer avec clarté, qu'avez-vous donc apporté à notre connaissance?

Une première constatation est essentielle : c'est que vous n'avez, pour établir la culpabilité de Dreyfus, rien retenu de ce qui a légalement motivé sa condamnation en 1894.

Du bordereau qui était alors la base unique de l'inculpation portée contre lui, vous n'avez pas dit un mot. Des renseignements moraux qu'on avait cru pouvoir à l'origine grouper autour de cette inculpation pour la fortifier, et que, ensuite, à l'audience, le commissaire du gouvernement avait abandonnés lui-même, vous n'avez pas rappelé un seul. Tout s'est évanoui dans vos mains de ce qui avait été le procès lui-même. Vous avez été jusqu'à dire que, à supposer qu'Esterhazy fût coupable des faits qui furent imputés à Dreyfus, la culpabilité de ce dernier n'en serait pas moins démontrée.

C'est donc un second procès que vous avez substitué au premier, et tous vos éléments de preuves sont la matière d'accusations que l'accusé lui-même est encore à connaître.

Le procédé était hasardé, mais il a séduit vos auditeurs par sa hardiesse même. On vous a su gré de renoncer à soutenir que Dreyfus fût l'auteur d'un bordereau où vous aviez reconnu, comme tous ceux qui savent ouvrir les yeux, l'écriture évidente, certaine, du commandant Esterhazy. On s'est senti à l'aise en vous voyant vous abstenir avec soin de chercher dans la nature même des pièces visées par ce bordereau la preuve qu'elles avaient été fournies par Dreyfus, quand tout indique qu'elles viennent d'une autre main que la sienne.

Tout le lest ainsi sagement abandonné par vous devait alléger la marche de votre démonstration.

Cependant, quelles sont les preuves nouvelles que vous avez cru pouvoir substituer à celles dont il ne vous a plus paru possible de parler?

Vous avez, d'abord, indiqué qu'il était passé sous vos yeux plus de mille pièces de correspondances recueillies pendant le laps de six années au service des renseignements de la guerre, et, sans vous laisser émouvoir par ce chiffre qui appelle, à lui seul, tant de réflexions, vous avez semblé dire, tout en ne retenant que trois d'entre elles, que les 997 autres pourraient avoir leur importance.

Permettez-moi de vous faire observer combien cette entrée en matière prête à critique. Dreyfus n'est pas resté plus de deux ans au ministère (1893-1894). Il n'a donc rien à voir dans les deux tiers au moins des pièces que vous avez visées. Si ces deux premiers tiers ne peuvent le concerner, pourquoi n'en serait-il pas ainsi du troisième? Qui vous dit que l'ensemble n'intéresse pas les mêmes personnes parmi lesquelles, en ce cas, ne pourrait matériellement pas se trouver Dreyfus ?

Il faut se garder de faire naître, par d'aussi vagues généralités, des impressions que rien n'autorise ; cela s'appellerait de l'insinuation, si on avait pu supposer de votre part une intention préméditée. Laissons là tout ce qui ne peut être qu'élément de confusion et d'erreur. Ce n'est évidemment que sur les documents que vous avez précisés et discutés qu'on peut apprécier la portée de votre argumentation.

Il y en a trois, avez-vous dit : le premier de mars 1894, le second d'avril même année, le troisième de novembre 1896. Il y a, ensuite, les prétendus aveux. — Suivons-les tous dans l'ordre de leur présentation.

En ce qui touche les deux lettres de mars et avril 1894, vous avez été le premier à admettre qu'elles pouvaient laisser subsister du doute dans l'esprit.

Comment, en effet, la simple initiale D... qui s'y rencontre pourrait-elle suffire à désigner un nom déterminé ? « Ne s'agit-il pas de Develle ou de Dupuy ? », aurait dit spirituellement un ancien président de la République, quand ces lettres lui ont été montrées. C'était mieux qu'une boutade ; c'était le bon sens même qui s'exprimait ainsi.

Aussi bien, ces lettres étaient aux mains du ministère de la Guerre huit mois avant l'ouverture du procès Dreyfus, et jamais, pendant cette période, alors que les soupçons se portaient ailleurs, il n'est venu à la pensée de personne qu'elles pussent se référer au capitaine Dreyfus. — Tout écartait de lui une pareille supposition, jusqu'aux termes de cette correspondance, et, en particulier, ceux de la lettre du 16 avril. — Qu'y lit-on ? L'attaché militaire qui l'a écrite s'y explique en ces termes :

« Il (ce canaille de D...) prétend qu'il y a eu un malentendu et qu'il ferait tout son possible pour vous satisfaire. Il dit qu'il s'était entêté et que vous ne lui en voulez pas. Je lui ai répondu qu'il *était fou* et que je ne croyais pas que vous voudriez reprendre les relations avec lui... » Ces formes de langage ne sont-elles pas caractéristiques, et n'indiquent-elles pas clairement qui devait, qui pouvait être ce *canaille de D ?...* Ce n'est pas d'un capitaine d'état-major dans la position de Dreyfus, fût-il espion, qu'on parle ainsi. Ce n'est pas à lui qu'on répond : « Vous êtes fou ! » après qu'il a humblement promis « de faire tout son possible ». Il y a dans toute la relation de cet entretien un ton, non pas seulement de répulsion, mais de hauteur qui ne pouvait s'employer qu'à l'égard d'un subalterne ou d'un homme avec lequel tout était permis.

Ce n'est donc pas seulement par une insuffisance de désignation et par le doute que les lettres de mars et avril 1894 devaient être écartées, c'est par l'invraisemblance morale qu'elles eussent une relation quelconque avec Dreyfus !

Au surplus, tout indique que vous n'en auriez point parlé, si vous n'aviez cru pouvoir les rattacher à une troisième lettre où se trouve, tout au long, le nom de Dreyfus, et qui, celle-là, serait arrivée au ministère au mois de novembre 1896, peu de temps avant l'interpellation de M. Castelin. Cette dernière fait partie d'un groupe qui lui donnerait une authenticité irréfutable, avez-vous prétendu, mais, à côté des apparences superficielles que vous avez relevées, est-elle réelle, sincère, exacte ? Permettez-moi de vous dire que tout ce que nous avons pu, quant à nous, en apprendre, nous a conduits à la conviction que c'était un faux, ainsi qu'un ancien chef du bureau des renseignements s'est offert à le prouver.

Nous la connaissions déjà avant que vous en eussiez parlé. Elle a fait son apparition première comme dans un coup de théâtre, au cours du procès Zola, à l'audience du 17 février. Qu'en a-t-on pensé dès ce moment ? L'impression qu'elle produisit fut désastreuse. Il faut dire qu'elle avait été présentée par le général de Pellieux avec des particularités qui n'étaient pas propres à la faire aisément accepter. Voici ce qu'en avait dit l'honorable général, pour en établir la véracité :

« Cette note (il s'agit bien de la lettre de novembre 1896), n'est pas signée d'un nom connu, mais elle est appuyée d'une carte de visite, et, au dos de cette carte de visite, il y a un rendez-vous insignifiant, signé d'un nom de convention, qui est le même que celui qui est porté sur la pièce, et la carte de visite porte le nom de la personne. »

Ces explications soulevèrent immédiatement les réflexions suivantes :

La lettre en question n'est donc pas d'une écriture connue, puisqu'elle a besoin d'une signature pour révéler son origine. Le fait est bien extraordinaire, car, si elle avait été réellement écrite par l'un des attachés militaires des ambassades d'Allemagne ou d'Italie, elle l'eût été, sans doute, de son écriture habituelle et on n'aurait pas manqué alors de la reconnaître, dès le premier aspect, au bureau des renseignements où on possédait de si nombreux specimens de leurs correspondances.

D'autre part, quelle est cette signature qui va certifier que c'est bien à l'un de ces deux attachés que nous avons affaire ? L'extraordinaire ne devient-il pas ici une rencontre miraculeuse ? Cette signature n'est qu'un nom de convention qui par lui-même ne désigne personne ; mais comme il se trouve reproduit sur une carte de visite, il doit appartenir au propriétaire de cette carte, et il suffit, par suite, de le remplacer par le nom imprimé sur ladite carte pour avoir l'indication de l'auteur qui est l'inconnue à dégager.

Or, pour tous ceux qui se tiennent en garde contre ce qui sort de la vraisemblance, est-il possible d'admettre des raisonnements fondés sur de pareils rébus ?

Qui ne voit, d'abord, ce qu'il y a d'insolite et d'inquiétant dans le rapprochement providentiel de cette lettre et de cette carte de visite qui sont apportées juste à point au ministère pour que l'une complétant l'autre serve à lui donner un signataire ?

Qui ne se demande aussi comment celui qui donne un

rendez-vous sur sa carte de visite portant son nom réel peut songer à signer ce rendez-vous d'un nom de convention qui ne sert à rien dissimuler ?

Qui ne flaire enfin, à travers tant de bizarreries, quelqu'une de ces machinations compliquées comme en peuvent préparer certains faussaires doués d'une imagination romanesque, et qui rappellent les Norton et les Lemercier-Picard ?

Aussi bien vous êtes-vous gardé de reprendre à votre compte des explications qui avaient rencontré tant d'incrédules, et, laissant là le récit du général de Pellieux, c'est à d'autres raisons que les siennes qu'il vous a paru nécessaire de recourir pour authentiquer une lettre que le voisinage d'une carte de visite suspecte ne suffisait véritablement pas à faire prendre au sérieux.

On pourrait trouver beaucoup à redire dans ce simple désaccord, car la divergence des versions sur un même sujet prouve, au moins, l'incertitude et l'embarras de ceux qui les produisent, mais je n'entends point insister sur une contradiction qu'il m'a suffi de constater, et j'ai hâte d'examiner les renseignements qui vous sont propres.

Voici, quant à vous, ce qui vous a permis, nous avez-vous dit, d'ajouter foi à la lettre de novembre 1896 :

« Elle est, avez-vous dit, d'une similitude frappante avec un document sans importance écrit par la même personne, et écrit comme celui-là au crayon bleu sur le même papier qui servait à la correspondance habituelle de cette même personne, et qui, daté de 1894, n'est pas sorti depuis cette date des archives du ministère de la Guerre ».

On ne saurait disconvenir que, à première vue, les motifs qui ont déterminé votre confiance prêtent moins

à la critique que ceux dont s'était contenté M. le général
de Pellieux; mais ne vous êtes-vous pas demandé si
tout cadre, si tout s'enchaîne, si tout concorde dans les
faits qui vous ont paru démontrés, et s'il ne s'y trouverait point, par hasard, quelqu'un de ces dessous, quelqu'une de ces incohérences ou impossibilités qui en dé-
masqueraient le mensonge intéressé?

Approfondissons-les ensemble :

En première ligne, que pensez-vous, je vous prie, de
ce fait particulièrement grave, dont il vous est facile de
vérifier l'exactitude? La lettre de novembre 1896 n'est
pas arrivée au ministère par les voies ordinaires. Elle
n'a pas été remise, comme vos 999 autres documents
secrets, au bureau des renseignements. Elle a suivi pour
vous parvenir une filière détournée. Qui l'a apportée?
Qui en a contrôlé l'origine? Mystère ! Mais, en se dissi-
mulant avec ces précautions anormales, ceux qui vous
l'ont procurée n'ont-ils pas élevé contre elle les plus
justes soupçons?

D'autre part, quel motif l'aurait donc fait écrire par
un attaché militaire étranger à la veille de l'interpellation
Castelin, juste en novembre 1896? Il s'agissait pour lui,
direz-vous, de se mettre d'accord avec son partenaire
d'une autre ambassade pour cacher leurs relations avec
Dreyfus, et l'intérêt de cette entente suffit à expliquer
le mot d'ordre transmis de se tenir dans la plus grande
réserve. Mais est-ce donc que, dans votre système, si
Dreyfus eût été réellement leur espion, ce mot d'ordre
aurait présenté la moindre utilité? La mise en jugement
de ce dernier ne remontait-elle pas à 1894? N'étaient-ils
pas, pendant tout le cours de son procès, restés impas-
sibles à leur poste, sans dire un mot pouvant indiquer
qu'ils le connussent? Depuis sa condamnation, n'avaient-

ils pas gardé le plus impénétrable silence? En quoi l'annonce d'une interpellation aurait-elle pu faire juger nécessaire le renouvellement d'un pacte de discrétion qui aurait été formé depuis déjà deux années et auquel, de part et d'autre, durant tout ce temps, ils seraient restés fidèles?

Non! en vérité, rien n'est moins plausible que la préoccupation dont paraîtrait s'être inspirée la lettre de 1896, et cela suffirait encore pour mettre en doute sa réalité.

Mais, pourquoi donc une lettre, si les attachés militaires étrangers avaient eu à se concerter sur l'attitude qu'il leur importait de prendre au sujet de Dreyfus? Ces attachés se voyaient journellement, leurs ambassades étaient voisines. Auraient-ils jugé utile de s'écrire des messages indiscrets lorsqu'ils pouvaient se parler et que le sujet n'avait rien d'urgent? Tout porte à penser le contraire et c'est encore une autre grave raison d'invraisemblance.

Et puis, allons plus avant dans nos investigations. Prenons le texte même de cette fameuse lettre et demandons-nous ce que nous en pouvons penser. C'est de vous que nous en tenons les termes; je les reproduis :

« J'ai vu qu'un député va interpeller sur Dreyfus.

» *Si* (ici un membre de phrase que vous n'avez pu lire), *je dirai que jamais j'avais des relations avec ce Juif. C'est entendu. Si on vous demande, dites comme ça, car il faut pas que on sache jamais personne ce qui est arrivé avec lui.* »

Je prétends, quant à moi, que, dans son allure générale aussi bien que par sa forme logomachique, une telle lettre trahit son origine apocryphe, et ne peut avoir pour auteur l'officier étranger dont vous avez admis qu'elle émane.

Je mets en fait que ce membre de phrase : « *je dirai que jamais j'avais des relations avec ce Juif* », et cet autre « *il faut pas que on sache jamais personne ce qui est arrivé avec lui* », n'ont pu sortir de la plume d'un militaire de haut grade, vieil attaché d'ambassade habitué aux formules correctes et réservées de la diplomatie. Nous trouvons là le style lâché et débridé de quelque faussaire qui, forçant la note, ne s'est pas rendu compte qu'il devait se découvrir.

Et que dire de ce langage : « *je dirai que jamais j'avais...* » ou bien encore « *dites comme ça, car il faut pas que on sache jamais personne...* » etc..... ? N'est-il pas visible qu'on a voulu imiter dans ce français barbare l'incorrection de quelqu'un qu'on supposait ne pas avoir l'usage courant de notre langue ? Mais on est tombé dans la charge et on n'a pas su prévoir quel choquant contraste il y aurait entre ce charabia et le parler ordinaire de l'officier qu'on a cru simuler. (Comparer notamment avec la forme très grammaticale des lettres de mars et du 16 avril 1894.)

Mais alors, me direz-vous, vous admettez donc qu'il aurait pu s'introduire des pièces fausses au ministère de la guerre, et que même, pour permettre la fabrication d'une de ces pièces, un détournement aurait pu être risqué dans les archives du bureau des renseignements ?

Eh ! monsieur le ministre, j'y suis bien contraint par l'évidence. Les faux ne sont pas ce qui manque dans ces mille documents dont vous avez parlé.

Croyez-vous à la sincérité de ces lettres impériales, dont l'existence a été, à diverses reprises, et sous bonne caution, affirmée ? Croyez-vous à la réalité de ces photographies qui montrent des officiers de notre armée en conversation compromettante avec des attachés militaires étrangers ? Croyez-vous à la véracité de la lettre signée « *Speranza* », confisquée au passage le 15 décembre 1896 ? Croyez-vous à la sincérité de cette dénonciation dont vous avez eu sans doute vos motifs pour ne pas parler et qui est venue signaler, juste au moment psychologique de la mise en jugement de 1894, qu'il devait y avoir un espion du nom de Dreyfus ? Croyez-vous enfin aux preuves diverses que M. Rochefort a prétendu lui avoir été communiquées et sur lesquelles ont été édifiés plusieurs de ses romans ?

Cette lettre de novembre 1896 est d'autant plus suspecte de fraude que son arrivée a précisément coïncidé avec tout un ensemble de manœuvres dolosives qui avaient pour but évident de répondre au danger pressant dont certaines personnes avaient alors à prendre souci.

Rappelez-vous la communication faite à l'*Éclair*, le 15 septembre précédent, de la pièce secrète « ce canaille de D... », reproduite avec une altération criminelle au texte, le nom de Dreyfus ayant été substitué à l'initiale D... Cette pièce n'avait-elle pas nécessairement été détournée du dossier auquel elle appartient, et qui donc, aujourd'hui, peut-on accuser de ce détournement ?

Rappelez-vous, quelque temps plus tard, la publication par fac-simile du bordereau dans le *Matin*. N'était-ce pas aussi une pièce secrète ?

Rappelez-vous la réception, toujours à la même époque, de cette étrange lettre adressée à Dreyfus, et dans les interlignes de laquelle se lisaient, écrits à l'encre sympathique, assez apparents pour attirer l'attention, mais assez minutés pour sembler avoir cherché à se dissimuler, des mots équivoques destinés à le compromettre davantage. Qui pourrait sérieusement soutenir que ce n'était pas là encore une machination de faussaire ?

Rappelez-vous enfin, un an plus tard, les pérégrinations du document *libérateur*, et les dépêches *Speranza* et *Blanche*. Est-ce toujours, le croyez-vous, une femme voilée dont la main mystérieuse peut expliquer cet autre détournement et ces deux autres faux ?

Et puis, demandez-vous comment, juste à ces deux dates caractéristiques, novembre 1896 et novembre 1897, les mêmes tentatives criminelles se reproduisent contre Dreyfus et ses défenseurs ? Réfléchissez à ce hasard suspect qui fait trouver le nom de Dreyfus dans la lettre de novembre 1896, au moment même où la brochure de M. Bernard Lazare vient de démasquer le mensonge de la reproduction tronquée du document « ce canaille de D. » par le journal l'*Eclair*, et où l'on a décidément dû reconnaître l'insuffisance d'une initiale pour désigner Dreyfus. Oui, ne négligez aucune de ces manœuvres, aucun de ces indices de fraude ; recherchez qui pouvait en tirer profit ; voyez les services qu'ils ont rendus par les obscurités qu'ils ont longtemps jetées dans l'œuvre de la Justice, et, sans tourner ailleurs les yeux, concluez.

Pour moi, la conclusion est tirée de longue date. Elle l'est surtout depuis le jour où j'ai pu apprendre que, dès le mois d'octobre dernier, le gouvernement avait été avisé, de source certaine, qu'il avait en main un faux dont il ferait bien de ne pas user ! Veuillez vous renseigner, vous saurez qu'il ne s'agissait d'autre chose que de la lettre de novembre 1896, dont on n'eût jamais parlé sans doute, si le général de Pellieux n'eût pas inopinément pris sur lui de l'introduire dans la discussion du procès Zola.

Prétendus aveux.

Je n'ai pas pourtant fini, car, après tout cela, vous avez encore parlé des prétendus aveux de Dreyfus, et vous avez été jusqu'à dire « que ce seul ordre de faits serait encore suffisant pour asseoir votre conviction d'une façon absolue. »

Où donc, monsieur le Ministre, avez-vous trouvé la preuve de ces aveux?

Vous les avez fait résulter d'une lettre de M. le général Gonse à M. le général de Boisdeffre du 6 janvier 1895, et d'une note prise par le capitaine Lebrun-Renault le même jour, sur une feuille détachée d'un calepin. Vous y avez ajouté une déclaration verbale du commandant d'Attel, rapportée par le capitaine Anthoine.

Après avoir cité textuellement cette lettre, cette note et cette déclaration à peu près concordantes entre elles, vous avez poursuivi comme suit :

« Ainsi, il résulte de témoignages décisifs, concordants, que Dreyfus a prononcé cette phrase : « Si j'ai livré des documents... » Eh bien, je pèse ces mots dans ma conscience... et je déclare dans ma conscience que je ne puis admettre qu'un homme ait prononcé ces mots : « Si j'ai des documents, » s'il ne les a pas livrés en effet.

Cette argumentation a soulevé de vifs applaudissements de la part d'auditeurs que rien ne mettait en garde, mais je ne crains pas de dire que rarement, dans une question de cet ordre, autant d'erreurs graves ont été commises. Et d'abord, comment, en saine justice, peut-on parler d'aveux qu'on n'a pas pris la peine de faire reconnaître par celui auquel on veut les opposer? C'est la violation de tous les principes.

Comment, ensuite, prétendre que M. Lebrun-Renault ait recueilli des aveux quand tout, dans ses actes, dans sa conduite, proteste contre l'idée même qu'il en ait eu le sentiment?

Mais comment surtout expliquer, monsieur le Ministre, votre raisonnement?

Vous l'avez fait uniquement porter sur ce lambeau de phrase : « Si j'ai livré des documents », sans tenir aucun compte de ce qui le précédait et le suivait. Or, est-ce donc, en admettant par hypothèse pour exact le récit du capitaine Lebrun-Renault, est-ce que Dreyfus n'aurait tenu devant cet officier que ce propos : « Si j'ai livré des documents » ? Non, monsieur le Ministre, ces quelques mots ne sont qu'une partie de sa déclaration qu'il importe de reconstituer dans son entier. Je la prends sous sa forme la plus nette dans la lettre du général Gonse ; voici ce qu'aurait dit Dreyfus :

« Il protestait de son innocence, et a terminé en disant: le Ministre sait que je suis innocent ; *il me l'a fait dire par le commandant du Paty de Clam* dans la prison, il y a trois ou quatre jours, et il sait que si j'ai livré des documents, ce sont des documents sans importance, et que c'était pour en obtenir de sérieux. »

S'il peut être question d'aveu, voilà quel serait l'aveu. Il doit alors être envisagé dans son bloc et ne se prête pas à la mutilation, non calculée sans doute, mais irrationnelle et illégale que vous lui avez fait subir.

Je dis illégale. Est-ce que, en effet, la loi n'a pas soin de mettre elle-même la justice en défense contre le danger du procédé de discussion dont vous avez usé? L'article 1356 du Code civil dit, en termes formels, que

« *l'aveu ne peut être divisé contre celui qui l'a fait.* »
Ce principe domine l'interprétation de tout aveu. Il est
de pur bon sens et je dirai de stricte loyauté, car ce
n'est pas sur un fragment détaché d'une explication que
la pensée qui la domine peut s'apprécier, mais sur ses
termes complets.

Eh bien, sans y faire attention, vous avez méconnu ce
principe ; vous avez divisé l'aveu qu'aurait fait Dreyfus.

Et vous l'avez divisé, non pas une fois seulement, mais
deux fois et, des trois propositions soudées les unes aux
autres qu'on y pouvait trouver, vous n'en avez retenu
qu'une seule.

D'abord Dreyfus avait protesté de son innocence, et
cette protestation dominait tout ce qui pouvait venir
après. Elle excluait expressément toute idée de culpabilité, et arbitrairement vous l'avez rejetée.

D'autre part le membre de phrase : « si j'ai livré des
documents » était suivi de cet autre : « c'était pour en
obtenir de sérieux. » Ces deux membres de phrase rap-
prochés pouvaient à la rigueur se prêter à une vague
idée d'amorçage, mais n'allaient pas au-delà. Vous avez
scindé cet ensemble ; vous en avez retranché la partie
finale, et d'une possibilité de supposition d'amorçage,
qui n'aurait été qu'un excès de zèle, une imprudence,
vous avez fait l'aveu d'un crime de trahison !

Laubardemont disait qu'il lui suffirait d'une ligne la
plus indifférente, de la main d'un homme, et qu'il y
trouverait de quoi le faire pendre. — Il est loin certes
de ma pensée que vous soyez de son école, mais, dans
votre inexpérience trop visible, et d'ailleurs naturelle, des
règles d'interprétation du droit en matière de preuves,
il ne vous a pas fallu, à vous aussi, plus de quelques
mots pour écraser sous un aveu imaginaire l'infortuné

dont on ne devait à aucun prix, dans certains milieux prévenus, admettre l'innocence.

Mais, quand je parlais, à l'instant, de l'idée d'amorçage qui aurait pu paraître se dégager du langage prêté à Dreyfus, est-ce qu'il en saurait même être question si on recherche, à cette heure, ce qu'il aurait réellement voulu dire et à quels faits précis se seraient référées ses paroles?

Vous pouviez ignorer ces faits, le 7 juillet, quand vous avez prononcé votre discours devant la Chambre, et nous ne les connaissions pas encore nous-mêmes, mais, depuis cette date, des explications nous ont été données qui sont un trait de lumière sur tout ce qui a pu se passer.

Le 11 juillet dernier, Mᵉ Demange a remis à M. le Garde des Sceaux une note que lui avait adressée Dreyfus, le 31 décembre 1894, entre le jour de sa condamnation (24 décembre) et celui de sa dégradation (6 janvier 1896). — On lit dans cette note :

« Le commandant du Paty de Clam est venu aujourd'hui lundi 31 décembre 1894, à cinq heures et demie du soir, après le rejet du pourvoi, me demander de la part du ministre si je n'avais pas été peut-être la victime de mon imprudence, si je n'avais pas voulu simplement amorcer...

» Je lui ai répondu que je n'avais jamais eu de relations avec aucun agent ni attaché étrangers, que je ne m'étais livré à aucun amorçage, que j'étais innocent. »

La note donne ensuite d'autres détails que vous vous rappelez et se termine comme suit :

« Je l'ai arrêté en lui disant : « C'est assez, je n'ai » qu'un mot à vous dire, *c'est que je suis innocent* et » que votre devoir est de poursuivre vos recherches. »

« Si vous êtes vraiment innocent, s'est-il écrié alors,
» vous subissez le martyre le plus épouvantable de tous
» les siècles ! » « *Je suis ce martyr*, lui ai-je répondu,
» et j'espère que l'avenir vous le prouvera ! »

Il n'y a point à douter de l'exactitude de ce récit, car
il est confirmé par la lettre même du général Gonse
du 6 janvier 1895, dont j'ai plus haut extrait ce passage :
« Le ministre sait que je suis innocent ; il me l'a fait
dire par le commandant du Paty, dans la prison, il y a
trois ou quatre jours. »

Eh bien ! que signifient aujourd'hui ces révélations ?
que nous démontrent-elles ? Ne vous expliquent-elles
pas avec une clarté lumineuse ce qu'a pu dire Dreyfus,
ce qu'il a réellement dû penser dans cette triste matinée
où il attendait sa dégradation sous la surveillance du
capitaine Lebrun-Renault, de la garde républicaine ?

Il parlait, a dit le général Gonse, comme dans un
monologue. — C'était, en effet, plutôt à lui-même qu'il
devait s'adresser qu'aux hommes de garde qui l'entou-
raient. Il réfléchissait tout haut et sa pensée se reportait
à cette visite étrange que lui avait faite quelques jours
auparavant, au Cherche-Midi, le commandant du Paty de
Clam. De quelle fatalité était-il donc victime ? Comment
comprendre l'épouvantable torture morale à laquelle il
lui fallait se préparer ? Comment croire qu'on voulût con-
sommer l'iniquité d'un arrêt qui n'était qu'une erreur de ses
juges ? Mais le ministre lui-même ne le savait-il pas innocent ? Pouvait-on interpréter autrement cette démarche du
lendemain de sa condamnation dont le but unique avait
été de lui demander : « *S'il n'avait pas été peut-être victime de son imprudence et s'il n'avait pas simplement
voulu amorcer ?* » Et alors ces mots venaient d'eux-
mêmes à ses lèvres, mystérieux pour ceux qui ont pu les

entendre, mais d'un sens profond quand on en comprend l'idée intime : « Mais le ministre sait que je suis innocent ; il me l'a fait dire par le commandant du Paty de Clam dans la prison, il y a trois ou quatre jours ! »

La genèse du travail mental qui a pu arracher à ce malheureux ces réflexions n'en éclaire-t-elle pas la portée véritable, et ne montre-t-elle pas combien elles sont loin de l'aveu auquel vous avez trop hâtivement conclu ? Non, certes, elles ne renfermaient aucune reconnaissance de culpabilité ou même d'imprudence, mais elles étaient, au contraire, la protestation d'innocence la plus éclatante qu'il pût, à ce moment-là, faire entendre. Ce n'était plus lui seul qui protestait ; il invoquait comme un secours suprême la sorte de désaveu qui lui était venue contre sa condamnation de M. le ministre de la Guerre lui-même !

Et qu'on n'épilogue point sur la forme du passé indéfini dont il se serait servi « si j'ai livré, etc. », pour en faire ressortir, comme vous l'avez tenté, que, dans tous les cas, il aurait, au moins, confessé des communications suspectes. Ce « si j'ai livré » était précédé de ces autres mots : « Le ministre sait bien ». Or, n'est-ce pas plutôt, suivant toute vraisemblance, « Le ministre croit bien » qu'il a dû dire ? Et, dans tous les cas, s'il se référait à ce que savait le ministre, qu'est-ce donc que le ministre savait ? Il savait ce que lui avait rapporté le commandant du Paty de Clam ; il savait que Dreyfus n'avait pas cessé de se proclamer innocent et avait expressément refusé de se reconnaître coupable de la plus vénielle tentative d'amorçage ! Ce qu'a pu dire Dreyfus est limité, en toute hypothèse, et c'est là ce qui importe, à ce que le ministre savait !

Tout cela est sans réplique et il n'en reste dans l'esprit, après coup, qu'une impression d'étonnement profond et d'indicible angoisse.

Eh quoi ! il nous est avéré que le 31 décembre 1894, six jours après avoir fait condamner Dreyfus, M. le Ministre de la Guerre a mis en doute spontanément la légitimité de cette condamnation ! L'inquiétude est née en lui, et il a fait tendre à Dreyfus une branche de salut, le provoquant lui-même à expliquer qu'on aurait pu peut-être prendre pour des faits de trahison de simples imprudences d'amorçage ! Si Dreyfus, après la démarche du commandant du Paty de Clam, a été replongé dans l'abîme, c'est simplement parce que, irréprochable et sûr de lui-même, il n'a pu consentir à atténuer par un mensonge des actes qu'il n'avait jamais, sous une forme quelconque, commis ! Mais alors que devient donc cette affirmation que, à aucun moment, sa culpabilité n'a paru discutable ? Que deviennent toutes ces insinuations de pièces secrètes faites pour lui porter *le coup de massue*, si le verdict du Conseil de guerre ne suffisait pas à le convaincre de culpabilité ? Que sont tous ces efforts tentés pour maintenir, coûte que coûte, une œuvre de témérité et d'imprudence ?

O Justice ! O Vérité !

Ah ! ne parlez plus d'aveux, monsieur le Ministre, si vous ne voulez pas aller contre la certitude elle-même. Arrêtez-vous plutôt aux affirmations d'innocence qui se formulaient en termes si pressants au moment même où l'on aurait bien voulu obtenir de Dreyfus quelque déclaration qui pût justifier, en une mesure quelconque, des poursuites dont on commençait à se sentir troublé.

La première et la plus éloquente est celle qui suivit la visite du commandant du Paty de Clam au Cherche-Midi, le 31 décembre 1894 même. Dreyfus, loin de s'être senti faiblir devant les questions qui lui avaient été posées, et qui auraient pu le tenter, écrivit immédiatement après cette tragique entrevue la lettre suivante à M. le général Mercier, ministre de la Guerre :

« J'ai reçu par votre ordre la visite du commandant du Paty de Clam, auquel j'ai déclaré encore que j'étais innocent et que je n'avais jamais commis d'imprudence.

» Je suis condamné, je n'ai aucune grâce à vous demander.

» Mais, au nom de mon honneur, qui, je l'espère, me sera rendu un jour, j'ai le devoir de vous prier de vouloir bien poursuivre vos recherches.

» Moi parti, qu'on cherche toujours, c'est la seule grâce que je sollicite. »

Quelques jours après, et au moment même où le capitaine Lebrun-Renault venait de le conduire au supplice de sa dégradation, rappelez-vous les récits émouvants de cette épouvantable scène : Une foule hurlant : « Mort au traître ! » et Dreyfus, fort de sa conscience, ne cessant de crier avec une indomptable énergie : « Vive la France ! je suis innocent ! »

Puis, il rentre brisé, anéanti à La Santé, et, là encore, ses protestations continuent. C'est toujours la même plainte, angoissante, indignée :

« Qu'ai-je donc fait dans la vie pour être puni ainsi ? Le misérable qui a commis ce crime de trahir et de me perdre, mérite, s'il y a un Dieu, un châtiment épouvantable. Il mérite d'être puni dans tous les siens. Au nom de mes pauvres enfants, je le maudis ! »

Enfin ce n'est, depuis lors, que le même cri, désespéré, inlassable, d'une conscience sûre d'elle-même, qui est comme l'appel suprême de la vérité en détresse. Lisez, monsieur le Ministre, donnez-vous le temps de lire

ce recueil de lettres à la fois résignées et déchirantes
publiées sous le titre de « Lettres d'un Innocent. »
Faites-vous apporter ces suppliques éplorées que, tous
les mois, du fond de sa geôle, le malheureux Dreyfus n'a
cessé d'adresser à M. le ministre des Colonies et au chef
de l'État. Imprégnez-vous de toutes ces plaintes con-
fiantes dont la persistance et l'accent de sincérité ne
trompent pas. Et, si, après cela, vous persistiez à maintenir la fausse légende des rapports accablants du capitaine Lebrun-Renault, je ne saurais plus vraiment que
penser des divergences de compréhension qui peuvent se
rencontrer dans l'âme humaine !

Et, s'il en était ainsi, j'aurais pourtant à aller encore
plus loin. Il n'est pas seulement démontré que Dreyfus
n'a vu s'élever contre lui aucune charge que nous n'ayons
pu victorieusement combattre et détruire. Il est encore
facile, si on le veut, d'avoir une preuve directe et posi-
tive qu'on s'est égaré en le croyant coupable.

Je touche ici à un point délicat, mais il y aurait lâcheté
de ma part à l'omettre, et je ne dois rien craindre quand
je me sens au service du Droit et de la Vérité.

Au siècle dernier, une grande erreur judiciaire fut
commise en Angleterre. L'amiral Byng fut condamné et
exécuté pour avoir livré sa Patrie à la France dans la
bataille navale qui nous permit d'occuper Majorque.
Cette accusation de trahison ne reposait que sur de
fausses rumeurs, et quelqu'un qui avait le moyen de les
détruire, le maréchal de Richelieu, crut devoir spontanément apporter son témoignage. Ce témoignage ne fut
malheureusement pas accueilli ; il se heurta à ce faux
sentiment de patriotisme qui fait croire à certaines
heures, aux nations, que tout ce qui vient de l'étranger
doit être écarté par elles. — Byng était pourtant inno-

cent, et, bravant l'impopularité qui s'attacha pendant un temps à ses défenseurs, le grand lord Chatam finit, après de longs efforts, par venger sa mémoire. — La réhabilitation eut lieu, mais elle ne fut que posthume. C'est sa vie pourtant qui eût pu être épargnée, et une grande injustice n'eût pas été commise si, lorsqu'elle s'était fait entendre, la voix du maréchal de Richelieu eût rencontré quelqu'un pour l'écouter.

N'est-ce pas là une leçon de l'histoire qui devrait nous donner à réfléchir ?

Qui sait donc avec certitude si Dreyfus a été réellement un espion ou un traître ?

Où sont les témoins nécessaires qui pourraient nous donner sur cette question un avis sûr et formel ?

Ceux qui peuvent nous instruire de la vérité, ils sont là, prêts à parler ; que dis-je ? ils ont déjà, à l'exemple du maréchal de Richelieu, et à plusieurs reprises, ouvert la bouche.

Est-ce un de ces cas, je le demande, où la parole qui vient du dehors de nos frontières doit inspirer défiance ? L'aveuglement d'une passion étroite peut le prétendre. Ceux qui voudraient élever la pensée du pays vers une mentalité plus haute ne sauraient le penser.

J'en ai dit assez pour qu'on me comprenne. Questionnez, prêtez simplement l'oreille, et la justice aura sans retard tout ce qu'elle pourrait encore désirer savoir.

Et quand j'ose, monsieur le Ministre, hasarder jusquelà un conseil timide, me reprocherez-vous mon audace ?

Veuillez alors réfléchir à tous les grands intérêts qui peuvent justifier mon pressant appel et songez à vos responsabilités politiques.

que nous demandons, c'est vous-même qui
en avez reconnu le droit imprescriptible dans une parole qui suffirait à excuser bien des erreurs.

« Aucune raison de salut public, avez-vous dit, quelle
qu'elle fût, ne pourrait me déterminer à maintenir au
bagne un innocent ! »

Voilà la pensée qui émeut d'un trouble si profond, à
cette heure, tant d'esprits qui ont perdu tout repos depuis que l'innocence du condamné de 1894 leur a été démontrée. Voilà ce qui explique que tant de dévouements
volontaires se soient mis spontanément à l'œuvre pour
hâter une réparation qui engage l'honneur même du pays.

Vos responsabilités ministérielles ne seraient-elles
point d'accord avec l'idée même de la justice ?

Est-il pour un peuple plus grand devoir que de se
montrer humain et juste ?

Si le droit a été méconnu, si la vérité a été mal inter-
prétée, quelle considération viendrait donc affaiblir une
déclaration qui n'a pu être de votre part un simple arti-
fice d'éloquence ?

Reculeriez-vous, au dernier moment, devant la pensée
trop répandue que la rectification d'une chose jugée par
des militaires pourrait entacher l'honneur de l'armée et
porter atteinte au prestige du drapeau ! N'en est-il pas
cinquante exemples dans nos annales, ne fût-ce que le
cas sensationnel, en 1842, de l'agent-comptable Fabus, et
ces précédents ont-ils fait autre chose que rassurer les
justiciables des conseils de guerre contre la faillibilité
toujours possible des jugements humains ?

Non, non, ce n'est pas l'intérêt de l'armée, si une erreur a été commise à l'égard de l'un des siens, de ne pas
loyalement la reconnaître et la réparer. Son intérêt est
tout contraire.

La vérité, c'est que l'honneur de l'armée, qu'on nous oppose, masque d'autres obstacles qu'il faut savoir discerner sans retard, car ils sont un danger qui nous menace et qui va chaque jour grandissant.

Derrière l'affaire Dreyfus ne voyez-vous pas les partis qui s'embusquent ? C'est, au premier rang, l'antisémitisme, cette forme équivoque de l'intolérance religieuse ; — c'est le nationalisme, cette exagération maladive du vieil esprit chauvin ; — c'est, enfin, comme une sorte de néo-boulangisme, où se retrouvent toutes les nuances d'opposition que nous n'avons cessé de rencontrer.

De toutes parts l'assaut est livré à la liberté, et il s'agit, pour les meneurs du complot, d'affaiblir en les divisant les libéraux et les républicains.

La France aura-t-elle la douleur et la honte de reculer d'un siècle en cédant à l'action de terreur exercée par les antisémites, déjà maîtres du sol algérien ?

Abandonnera-t-elle ses traditions de généreux patriotisme ?

Reverra-t-elle une de ces crises où les libertés publiques sont abattues par un autoritarisme sectaire et brutal ?

Les questions sont ainsi posées. Que le gouvernement y réfléchisse ; que les fils de la Révolution et les amis sincères de la République y sachent veiller.

Veuiller agréer, monsieur le Ministre, les assurances de ma haute considération.

L. TRARIEUX,

Sénateur de la Gironde,
Ancien Garde des Sceaux,
Président de la Ligue française pour la défense
des droits de l'homme et du citoyen.

ÉMILE COLIN — IMPRIMERIE DE LAGNY